Heinrich Kahlefeld

Der Kreuzweg des Herrn

bearbeitet und herausgegeben

von Stefan Wick

Impressum

Der Kreuzweg des Herrn

von Heinrich Kahlefeld

Hrsg.: Stefan Wick

Herstellung und Verlag: BoD – Books on Demand, Norderstedt

Foto Cover: privat

Foto Buchrücken: Oratorium München,

mit freundlicher Genehmigung von

Herrn Pfr. Arnold Wilmsen – Superior –

ISBN: 9783755794929

INHALT

VORWORT

Als Heinrich Kahlefeld (1903-1980) im Jahr 1947 aus amerikanischer Kriegsgefangenschaft entlassen wurde, kam er in das kleine oberfränkische Dorf Wohlmutshüll (Erzbistum Bamberg), wo er für kurze Zeit als Priester in der Pfarrseelsorge tätig war.

In dieser Zeit entstanden die ersten Entwürfe für die Kreuzwegandacht, die dann 1950 im Werkbundverlag Würzburg unter dem Titel: *Der Kreuzweg des Herrn. Eine Andacht für die Gemeinde* erschienen ist.

Für nicht wenige Gläubige wurden diese Gedanken zu einer Stütze auf ihrem Weg im Glauben – in der Zeit nach dem 2. Weltkrieg; in beiden Teilen des damals geteilten Deutschland war das Heft verbreitet und wurde vielfach verwendet.

70 Jahre danach erscheint nun diese Kreuzwegandacht neu aufgelegt und nur an wenigen Stellen leicht bearbeitet.

Darin begegnet dem Betrachtenden der Oratorianer Kahlefeld, zum einen als profunder Kenner der Hl. Schrift, zum anderen erinnert z.B. der wiederkehrende Anfang der Gebete „mein Jesus" an die Kurzgebete des hl. Philipp Neri, des Gründers des Oratoriums und atmet den Geist dieser oratorianischen Weise, im Alltag zu beten.

So ist zu hoffen, dass diese Worte auch den Menschen unserer Tage Orientierung geben mögen – in der Betrachtung des Kreuzweges unseres Herrn Jesus Christus.

Kassel, am Hochfest Epiphanie, A.D. 2017, dem Geburtstag Heinrich Kahlefelds,

der Herausgeber

HINWEISE ZUR GESTALTUNG

DER LITURGISCHEN FEIER:

Lt: *Leiter(in)*

L: *Lektor(in)*

A: *Alle*

Heinrich Kahlefeld hat in der Originalausgabe Liedstrophen ergänzt:

- Bei der Vorbereitung: „O du hochheilig Kreuze", Str. 1-3

- Nach der 3. Station: „O Haupt voll Blut und Wunden", Str. 1

- Nach der 6. Station: „O Haupt voll Blut und Wunden", Str. 2

- Nach der 9. Station: „O Haupt voll Blut und Wunden", Str. 3

- Nach der 12. Station: „O Haupt voll Blut und Wunden",
Str. 6

- Bei der 14. Station – vor dem abschließenden Gebet: „O
Haupt voll Blut und Wunden", Str. 7

Darüber hinaus gibt er abschließend den Hinweis:

„Danach verharrt die Gemeinde in stillem Gebet."

Bei der Vorbereitung der Feier können entsprechende Er-
gänzungen auch zu den Gebetshaltungen (Sitzen, Stehen,
Knien) vorgenommen werden – den konkreten Umständen
entsprechend.

VORBEREITUNG

Lt: Unser Herr und Heiland Jesus Christus. Wir sind zusammengekommen, um den Weg Deines Leidens mit Dir zu gehen. Erleuchte unsern Geist und rühre unser Herz an, damit wir in Ehrfurcht und Liebe Dein Geschick betrachten. Wir möchten Dir näherkommen, Dich besser verstehen, Dich tiefer verehren. Wir möchten lernen, unser Kreuz auf uns zu nehmen und Dir nachzufolgen. Das schenke uns durch Deine Gnade. Amen.

L: Nach dem heiligen Abendmahl ist Jesus in den Garten am Ölberg gegangen. Dort hat er, da er wusste, was nun alles über ihn kommen sollte, traurig bis zum Tode sich niedergeworfen und gebetet. Dreimal hat er den himmlischen Vater gefragt, ob es wirklich sein müsse, dass er all die Schmerzen und die Seelennot und Schande erleide. Der Vater hat geantwortet: Ja, es muss sein; und hat ihn durch seinen Engel gestärkt. Da ist Jesus aufgestanden und hat zu den Jüngern gesagt: Die Stunde ist da, der Verräter naht. Judas ist gekommen und die Knechte der Hohenpriester und Soldaten des Pilatus und haben ihn verhaftet und abgeführt.

Die ganze Nacht ist mit Verhören hingegangen, und in der Dämmerung des Karfreitags ist der Hohe Rat zusammengetreten und hat ihn des Todes schuldig erklärt. Aber nur der römische Statthalter konnte ein gültiges Todesurteil fällen. Darum haben sie beschlossen, ihm Jesus auszuliefern. Nun führen sie ihn zum Hause des Pilatus.

JESUS WIRD ZUM TODE VERURTEILT

Lt: Wir beten Dich an, Herr Jesus Christus, und preisen Dich.

A: Denn durch Dein heiliges Kreuz hast Du die Welt erlöst.

L: *Pilatus hat den Herrn verhört und hat seine Unschuld erkannt. Aber er lässt ihn geißeln, um die Wut der Menge zu beschwichtigen. Dann ist Jesus den Soldaten überlassen. Sie haben gehört, er habe sich zum König machen wollen. So geben sie ihm Krone, Mantel und Zepter und huldigen ihm mit Spott und Schlägen. Und dann lässt ihn Pilatus der Menge vorführen. Er ist wohl selber betroffen von seinem Anblick. So viel Hoheit und solche Erniedrigung! Pilatus ruft: „Ecce homo – seht den Menschen!"*

Aber der Hass hat die Menge blind gemacht. Sie schreien auf: Ans Kreuz, ans Kreuz mit ihm! Und sie drohen dem Statthalter: Wenn du diesen freisprichst, machst du dich mitschuldig an seiner Auflehnung gegen die Herrschaft deines Kaisers. Da beginnt Pilatus für seine Stellung und sein Leben zu fürchten, und er spricht das Todesurteil.

Lt: Lasset uns beten! – *Stille* –

Mein Jesus! Du bist dem Hass der Menge und der Feigheit des Pilatus zum Opfer gefallen. Stärke meinen Geist und mein Herz durch Deine Gnade, dass nie der Hass Deiner Feinde und nie ein irdischer Gewinn mich untreu machen kann. Amen.

A: Heiliger Gott, heiliger starker Gott. Heiliger Unsterblicher, erbarme dich unser!

ZWEITE STATION

JESUS NIMMT DAS KREUZ AUF SEINE SCHULTERN

Lt: Wir beten Dich an, Herr Jesus Christus, und preisen Dich.

A: Denn durch Dein heiliges Kreuz hast Du die Welt erlöst.

L: *Er ist wie ein Verbrecher verurteilt worden; so muss er zusammen mit zwei Verbrechern den Weg zur Hinrichtung antreten. Jeder muss das Kreuz, an dem er sterben soll, selber zur Stadt hinaus bis zur Schädelstätte tragen. Man legt also dem Herrn das schwere Holz auf seine Schultern, und der Zug setzt sich in Bewegung.*

Lt: Lasset uns beten! – *Stille* –

Mein Jesus! Du hast gebetet: Vater, Dein Wille geschehe, und hast im Gehorsam das Kreuz der Schmach und Leiden auf Dich genommen. Gib mir die Kraft, dass auch ich Ja sage, wenn mir der Vater das Kreuz auflegt. Amen.

A: Heiliger Gott, heiliger starker Gott. Heiliger Unsterblicher, erbarme dich unser!

DRITTE STATION

JESUS FÄLLT ZUM ERSTENMAL UNTER DEM KREUZ

Lt: Wir beten Dich an, Herr Jesus Christus, und preisen Dich.

A: Denn durch Dein heiliges Kreuz hast Du die Welt erlöst.

L: *Der Weg führt durch die Gassen Jerusalems. Der Tag ist heiß, die Zeit kurz nach Mittag. Der Herr ist geschwächt durch die Qual der Geißelung und die Bitternis der endlosen Verhöre. Da strauchelt er und fällt zu Boden. Die römischen Soldaten reißen das Kreuz zur Seite, Jesus muss aufstehen; dann legen sie aufs Neue das Holz auf seine Schultern, und der Weg geht weiter.*

Lt: Lasset uns beten! – *Stille –*

19

Mein Jesus! Um der Schwachheit Deines Leibes willen erbarm Dich über mich, und wenn ich einmal am Ende meiner Kräfte bin, dann stärke mich kraft Deiner Not und Pein, die Du für mich erduldet hast. Amen.

A: Heiliger Gott, heiliger starker Gott. Heiliger Unsterblicher, erbarme dich unser!

VIERTE STATION

JESUS BEGEGNET SEINER MUTTER

Lt: Wir beten Dich an, Herr Jesus Christus, und preisen Dich.

A: Denn durch Dein heiliges Kreuz hast Du die Welt erlöst.

L: *Lange hat die Mutter kommen sehen, was nun geschieht. Schon früh hat sie gefühlt, wie die führenden Männer Israels den Sohn zu hassen begannen. Sie hätte ihn wohl gerne gewarnt und gemahnt, die Mächtigen nicht zu reizen. Aber sie wusste ja, dass er nur tat, was ihm aufgetragen war; so hatte sie geschwiegen in großer Sorge. Und nun ist es so weit gekommen. Maria sieht den Sohn, den sie geboren, in Not und Schande auf dem Weg zum Galgen. Und das Schwert, von dem einst der greise Simeon sprach, dringt durch ihre Seele.*

Lt: Lasset uns beten! – *Stille* –

Maria, du schmerzensreiche Mutter! Bitte für mich um Erleuchtung, dass ich die Wege Gottes verstehe. An Deinem und Deines Sohnes Schicksal lass mich erkennen, dass Er jene, die Er am meisten liebt, durch die dunkelsten Leiden führt. Amen.

A: Heiliger Gott, heiliger starker Gott. Heiliger Unsterblicher, erbarme dich unser!

FÜNFTE STATION

SIMON VON CYRENE HILFT JESUS DAS KREUZ TRAGEN

Lt: Wir beten Dich an, Herr Jesus Christus, und preisen Dich.

A: Denn durch Dein heiliges Kreuz hast Du die Welt erlöst.

L: *Gehorsam trägt Jesus sein Kreuz. Aber die Kraft nimmt ab, und er wankt unter der Last. Keiner hat Mitleid, doch sie fürchten, er werde bis zur Hinrichtung nicht aushalten. Da sieht man einen kräftigen Mann vom Feld kommen, er heißt Simon von Cyrene. Ihn halten sie an und zwingen ihn, ein Stück weit für Jesus das Kreuz zu tragen. Simon war später ein Mitglied der Gemeinde von Jerusalem; auch seine beiden Söhne Alexander und Rufus sind Jesu Jünger geworden.*

Lt: Lasset uns beten! – *Stille* –

Mein Jesus! Welche Gnade ist jenem Manne, Simon von Cyrene widerfahren! Sein Leben lang durfte er daran gedenken, dass er für eine Weile Deine Last getragen hat. Herr, erlaube auch mir, an Deinem Leiden teilzuhaben. Nimm von mir die Furcht vor Deinem Kreuz! Amen.

A: Heiliger Gott, heiliger starker Gott. Heiliger Unsterblicher, erbarme dich unser!

SECHSTE STATION

VERONIKA REICHT JESUS DAS SCHWEISSTUCH

Lt: Wir beten Dich an, Herr Jesus Christus, und preisen Dich.

A: Denn durch Dein heiliges Kreuz hast Du die Welt erlöst.

L: *Die Legende erzählt, eine Frau mit Namen Veronika, die eine Jüngerin des Herrn war, sei vor dem kreuztragenden Heiland niedergefallen und habe ihm ein Schweisstuch dargereicht. Er nahm es an und trocknete damit sein schweißüberströmtes, blutendes Gesicht. Als Veronika später das Tuch auseinanderfaltete, war das Antlitz des leidenden Erlösers darin abgezeichnet.*

Lt: Lasset uns beten! – *Stille –*

Mein Jesus! Lass mich Dir begegnen wie Veronika in ehrfürchtiger Liebe. Präge tief in meine Seele Dein heiliges Angesicht. Amen.

A: Heiliger Gott, heiliger starker Gott. Heiliger Unsterblicher, erbarme dich unser!

SIEBTE STATION

JESUS FÄLLT ZUM ZWEITEN MAL UNTER DEM KREUZ

Lt: Wir beten Dich an, Herr Jesus Christus, und preisen Dich.

A: Denn durch Dein heiliges Kreuz hast Du die Welt erlöst.

L: *Alle Sünde der Menschheit hat der Herr in seinem Tode gesühnt. Mit dem Kreuz war die Riesenlast ihrer Schuld auf ihn gelegt. Nun bricht er zum zweiten Mal unter seiner Bürde in die Knie. Wieder fassen die Soldaten das Holz und reißen es hoch, Jesus erhebt sich wankend. Er sammelt Kraft und tritt von Neuem unter das Kreuz.*

Lt: Lasset uns beten! – *Stille* –

Mein Jesus! Auch meine Schuld ist bei dem, was Du zu tragen hast, und drückt Dich nieder. Meine Torheit und mein Eigensinn, meine Selbstsucht und mein Stolz, und die Trägheit meines Herzens, aller Mangel an Liebe zu Gott und Güte gegen die Menschen, und wieviel mehr die offenbare Übertretung der Gebote. O Lamm Gottes, das Du hinwegnimmst die Sünden der Welt, erbarme Dich meiner. Amen.

A: Heiliger Gott, heiliger starker Gott. Heiliger Unsterblicher, erbarme dich unser!

ACHTE STATION

JESUS BEGEGNET DEN WEINENDEN FRAUEN

Lt: Wir beten Dich an, Herr Jesus Christus, und preisen Dich.

A: Denn durch Dein heiliges Kreuz hast Du die Welt erlöst.

L: *Es folgte ihm aber eine große Menge des Volkes und Frauen, die klagten und ihn beweinten. Der Herr sieht, wie die Menschen schluchzen, und hört ihre klagenden Rufe, aber er weiß, dass ihr Schmerz nicht tief ist. Ruhig und fest redet er die Frauen an und lenkt ihren Blick fort von sich. Er braucht ihr Mitleid nicht, er hat andere Tröstung. Beweinenswert ist nicht der Gehorsame auf seinem Todesweg, vielmehr das Volk, das seinen Heiland verstoßen hat.*

Lt: Lasset uns beten! – *Stille* –

Mein Jesus! Mach meinen Schmerz und meine Freude tief! Gib mir, dass ich nicht stehen bleibe bei der Rührung des Gemütes, sondern mich öffne der heiligen Wahrheit und Wirklichkeit. Lass mich die Leiden und Freuden derer erfahren, welche Dich wahrhaft lieben. Amen.

A: Heiliger Gott, heiliger starker Gott. Heiliger Unsterblicher, erbarme dich unser!

JESUS FÄLLT ZUM DRITTEN MAL UNTER DEM KREUZ

Lt: Wir beten Dich an, Herr Jesus Christus, und preisen Dich.

A: Denn durch Dein heiliges Kreuz hast Du die Welt erlöst.

L: *Aber er strauchelt und fällt nicht nur, er rafft sich auch wieder auf, schwer atmend greift er aufs Neue nach seiner schier untragbaren Last. Unverdrossen, ohne sich der Schwäche zu überlassen, geht der Herr seinen Weg. Der Vater hat ihm die Last auf die Schultern gelegt, und nur er kann sie wieder von ihm nehmen. Nimmt er sie nicht fort, so soll sie getragen sein.*

Lt: Lasset uns beten! – *Stille –*

Mein Jesus! Hilf mir mit Deiner Unverdrossenheit und Treue. Wenn ich versucht bin, zu verzagen und alles aufzugeben, dann steh mir bei. Lehre mich, auf dem steilen Weg zu gehen, und wenn mir meine Last zu schwer geworden ist, gib mir Kraft, sie geduldig wieder aufzunehmen. Amen.

A: Heiliger Gott, heiliger starker Gott. Heiliger Unsterblicher, erbarme dich unser!

ZEHNTE STATION

JESUS WIRD SEINER KLEIDER BERAUBT

Lt: Wir beten Dich an, Herr Jesus Christus, und preisen Dich.

A: Denn durch Dein heiliges Kreuz hast Du die Welt erlöst.

L: *Der Zug ist an der Richtstätte angekommen. Die jüdischen Führer drängen auf Eile. Mit Sonnenuntergang beginnt der Sabbat des Osterfestes; dann müssen die Leichen der Hingerichteten längst von ihrem Galgen genommen und fortgeschafft sein. Darum nimmt man Jesus das Kreuz von den Schultern, und zwei Soldaten treten herzu und reißen ihm die Kleider vom Leib; denn es gehört zur Strafe, dass der Verurteilte nackt am Kreuze hängt. So arm ist der Herr geworden! Wie ein Stück Vieh hat man ihn getrieben, und wie ein Wesen ohne Ehre gibt man ihn den Blicken preis.*

Das ist die Stunde der Rache für seine Feinde. Nie hatten sie vermocht, den Starken, Ehrfurchtgebietenden anzurühren. Nun ist er in ihrer Gewalt, und sie weiden sich an seinem Anblick.

Lt: Lasset uns beten! – *Stille –*

Mein Jesus! Wenn die Stunde kommt, da ich um Deines Namens willen Hohn und Hass erfahren muss, dann stärke meine Seele aus der Kraft Deines Leidens. Gib mir die Gnade, dass ich niemals meine Ehre und mein Ansehen bei den Menschen mehr liebe als Dich, meinen einzigen Herrn. Amen.

A: Heiliger Gott, heiliger starker Gott. Heiliger Unsterblicher, erbarme dich unser!

ELFTE STATION

JESUS WIRD ANS KREUZ GENAGELT

Lt: Wir beten Dich an, Herr Jesus Christus, und preisen Dich.

A: Denn durch Dein heiliges Kreuz hast Du die Welt erlöst.

L: *Seine Arme werden ausgestreckt und mit schweren Nägeln am Querholz fest geschlagen. Dann wird das Querholz hochgezogen und am Stamm des Kreuzes befestigt. Darauf werden auch die Füße angenagelt. Über seinem Haupte bringt man eine Tafel an, auf der geschrieben steht, weshalb er sterben muss: „Jesus von Nazareth, der König der Juden". Nun warten sie, bis dem Verurteilten durch die Qual des Hängens das Herz gebrochen ist. Sie gehen unter dem Kreuz einher und vertreiben sich die Zeit im Gespräch. Bisweilen betrachten sie den Leidenden und rufen ein böses Wort zu ihm hinauf.*

Die Soldaten sitzen am Fuß des Kreuzes und würfeln um Jesu Leibgewand. Das war das Letzte, was er besaß; es gehört nun seinen Henkern. Der Herr ist arm geworden ohne Grenze. Seine letzte Habe, seinen guten Namen, seine Freiheit, seine Gesundheit, sein Leben hat man ihm genommen. So hängt er zwischen Himmel und Erde.

Lt: Lasset uns beten! *– Stille –*

Mein Jesus! Du hast einst gesprochen: Wenn ich erhöht bin, werde ich alle an mich ziehen. Nun bist Du erhöht in Deiner äußersten Erniedrigung. In Deiner Armut hast Du unser Herz bezwungen. Wir wollen nicht den reichen und mit Ehren beladenen Herrschern dieser Welt verfallen. Dein sind wir, und Dich nennen wir König, der Du der Ärmste von allen geworden bist. Amen.

A: Heiliger Gott, heiliger starker Gott. Heiliger Unsterblicher, erbarme dich unser!

ZWÖLFTE STATION

JESUS STIRBT AM KREUZ

Lt: Wir beten Dich an, Herr Jesus Christus, und preisen Dich.

A: Denn durch Dein heiliges Kreuz hast Du die Welt erlöst.

L: *„Es war um die sechste Stunde, da kam eine Finsternis über das ganze Land, bis zur neunten Stunde, und die Sonne verlor ihren Schein. Und um die neunte Stunde rief Jesus mit lauter Stimme: Mein Gott, mein Gott, warum hast Du mich verlassen!" Und wiederum rief er: „Vater, in Deine Hände befehle ich meinen Geist". Und er sprach: „Es ist vollbracht. Und neigte sein Haupt und starb." Da aber der römische Hauptmann sah, dass er so gestorben war, pries er Gott und sprach: Wahrhaftig, dieser Mann war Gottes Sohn.*

Und alle die Menschen, die zu diesem Schaustück herbei-
geströmt waren, schlugen sich an die Brust, als sie sahen,
was geschehen war.

Lt: Lasset uns beten! *– Stille –*

Mein Jesus! Die Sonne hat sich verdunkelt über Deinem
Tod, denn der Schöpfung ist ihr Licht verloschen. Deine
Feinde halten Dich für tot, und es ist wahr; für sie bist Du
nicht mehr. Nur Deinen Jüngern wirst Du Dich zeigen zu
ihrer namenlosen Freude. Herr, lasse auch mich im
Glauben wissen, dass Du lebst. Lass Dein Angesicht über
mir leuchten. Amen.

**A: Heiliger Gott, heiliger starker Gott. Heiliger
Unsterblicher, erbarme dich unser!**

DREIZEHNTE STATION

JESUS WIRD VOM KREUZE ABGENOMMEN

Lt: Wir beten Dich an, Herr Jesus Christus, und preisen Dich.

A: Denn durch Dein heiliges Kreuz hast Du die Welt erlöst.

L: *Die Mitglieder des Hohen Rates haben zeitig die Richtstätte verlassen. Einige sind zu Pilatus gegangen, um zu erwirken, dass man den Gehenkten die Beine zerschmettere. So sollte ihnen der Tod gegeben, zugleich aber eine letzte Schande angetan werden. Dann wollte man die Leichen beiseite schaffen und verbrennen. Als aber die Soldaten des Pilatus ans Werk gingen, sahen sie, dass Jesus schon tot war. Darum hielten sie es nicht für nötig, ihm die Knochen zu zerschlagen, nur stießen sie ihm zur Sicherheit eine Lanze ins Herz, – und geheimnisvoll strömte Blut und Wasser aus der Wunde. So setzt sich Gottes Wille durch in den alltäglichen Gedanken von zwei oder drei römischen Soldaten. Er hatte den Sohn in die Hand der Menschen gegeben; aber im Augenblick des Todes war das Werk vollbracht, und kein weiterer Angriff auf die Ehre Jesu war geduldet. Der Leib des toten Sohnes ist geborgen in der Hut des Vaters. Inzwischen ist Josef von Arimathäa vor Pilatus hingetreten und hat erwirkt, dass er mit seinen Freunden Jesus bestatten darf. Sie kaufen Leinentuch und Salböl, sie lösen den Leichnam des Herrn vom Kreuze und waschen, salben und umwickeln ihn.*

Lt: Lasset uns beten! – *Stille –*

Mein Jesus! Ich sehe die Macht und Liebe Deines Vaters. Er hat nicht zugegeben, dass man Deinen toten Leib schände, und hat durch den Dienst ehrfürchtiger Männer ihn bewahrt für die Auferstehung. Lass mich immer wissen, dass dieselbe Macht und Liebe auch über meinem Leben und Sterben waltet. Amen.

A: Heiliger Gott, heiliger starker Gott. Heiliger Unsterblicher, erbarme dich unser!

VIERZEHNTE STATION

JESUS WIRD INS GRAB GELEGT

Wir beten Dich an, Herr Jesus Christus, und preisen Dich.

A: Denn durch Dein heiliges Kreuz hast Du die Welt erlöst.

L: *Einer der Männer besaß einen Garten, der in der Nähe lag. Darin war ein Felsengrab in dem noch kein Toter gelegen hatte. Dorthin trugen sie den Herrn in Ehrfurcht, Trauer und Liebe. Sie hatten wohl die Worte des Meisters gehört, die von Auferstehung sprachen, doch sie hatten nicht verstanden, was er damit meinte; es war zu groß für ihre Fassungskraft. So bleibt ihnen nur das letzte Werk an dem Meister zu tun. Sie betten ihn auf die Totenbank in der Kammer des Grabes, bedecken sein Antlitz mit dem Schweißtuch, verlassen das Grab und schließen den Eingang mit der schweren Steinplatte. Dann gehen sie still nach Hause. Unbegreiflich ist ihnen Gottes Ratschluss.*

Lt: Lasset uns beten! – *Stille* –

Mein Jesus! Bleibe bei mir, wenn es Abend werden will. Wenn alles dunkel wird und ich Gott nicht mehr verstehe, dann lass mir das Licht Deiner Gnade leuchten und gib nur Kraft, auszuharren, bis es Tag wird. Amen.

A: Heiliger Gott, heiliger starker Gott. Heiliger Unsterblicher, erbarme dich unser!

ABSCHLUSS

Lasset uns beten!

Unser Heiland, Herr und Meister! Nun thronst Du zur Rechten des Vaters in der Herrlichkeit. Du bist gehorsam gewesen bis zum schmachvollen Tod am Kreuz. Darum hat Gott der Vater Dich erhöht und Dir den Namen gegeben, der größer ist als alle Namen, auf dass alle im Himmel, auf Erden und unter der Erde vor Dir die Knie beugen und bekennen, dass Du Herr bist über alle Schöpfung. Sieh herab auf uns, Deine Jünger. Wir bitten Dich: Lehre uns Deinen Weg zu gehen, dass wir durch Leiden und Tod Dir folgen und zu Dir gelangen in Deine Herrlichkeit und so jene Wohnungen erlangen, die Du uns bereitet hast. Der Du mit Gott dem Vater und dem Heiligen Geist lebst und regierst in Ewigkeit. Amen.

Zur Biographie Heinrich Kahlefelds

Heinrich Kahlefeld wurde am 6. Januar 1903 in Boppard geboren; seine Jugend verbrachte er in Frankfurt am Main, wo er erstmalig in Kontakt mit der Jugendbewegung kam, der er zeitlebens verbunden blieb.

Sein Theologiestudium absolvierte er in Innsbruck. Im Canisianum, dem Konvikt der Jesuiten, traf er auf die Gruppe deutscher Studenten, mit denen er dann – nach seine Priesterweihe 1926 – in das Diasporabistum Meißen ging, um ein Oratorium des hl. Philipp Neri zu gründen, welches dann 1930 an der Pfarrkirche Liebfrauen-Lindenau errichtet werden konnte. Neben seiner Tätigkeit als Religionslehrer, Studenten- bzw. Akademikerseelsorger und Dozent für katholische Theologie war er einer der führenden Köpfe der Liturgischen Bewegung, in der er durch eigene Veröffentlichungen, vor allem aber durch die Herausgabe muttersprachlicher Übersetzungen der liturgischen Texte pastoralliturgisch tätig war.

Nach einer Zeit in Berlin und dem Kriegsdienst kam er 1948 nach München, wo er zusammen mit Mitbrüdern die Leipziger Arbeit fortführte. 1954 konnte dann in Verbindung mit der neu gegründeten Pfarrei St. Laurentius ein neues Oratorium gegründet werden. Heinrich Kahlefeld war am Bau von Kirche, Pfarrhaus und Gemeinderäumen wesentlich beteiligt; vor allem der Kirchenbau spiegelt seine theologischen Überlegungen.

Schon früh auch mit der Exegese in Berührung gekommen, fand er ab 1964 als Dozent für neutestamentliche Kerygmatik ein neues Aufgabenfeld. Er war ein viel gefragter Referent, der bis zu seinem Tod am 5. März 1980 in München an Fragen einer zeitgemäßen Erschließung des

Glaubens durch die Hl. Schrift (die ihren ursprünglichen Verkündigungsort in der Liturgie hat) interessiert war und nach Antworten suchte. Auf dem Friedhof des Oratoriums findet sich sein Grab.

Zum Weiterlesen:

Stefan Wick, „Immer wieder öffnet sich der Raum der Welt zu Christus hin". Spiritualitätstheologische Akzente der Christologie bei Heinrich Kahlefeld (Theologie der Spiritualität, Bd. 5), St. Ottilien 2014.

Stefan Wick, „Ihre Frucht ist die Liebe und die Freude" – Johann Georg Seidenbusch und Heinrich Kahlefeld als „Schüler des hl. Philipp Neri", in: Teresa von Avila und Philipp Neri. Festschrift zum 500. Geburtstag, hg. v. Michael Plattig und Ulrike Wick-Alda (Theologie der Spiritualität, Quellen und Studien, Band 7), St. Ottilien 2015, 171-178.